SCHOLASTIC

Write-N-Seek
WORD FAMILIES

Motivating Practice Pages to Help Kids Master Word Families

Immacula A. Rhodes

New York • Toronto • London • Auckland • Sydney
Mexico City • New Delhi • Hong Kong • Buenos Aires

Written and produced by Immacula A. Rhodes
Cover design by Michelle H. Kim
Interior design by Jaime Lucero
Cover illustration by Emma Parrish
Interior illustrations by Teresa Anderko, Maxie Chambliss, Rusty Fletcher,
James Graham Hale, and Doug Jones

ISBN: 978-1-338-18023-7

5 6 7 8 9 10   40   24 23 22

Contents

WRITE-N-SEEK ACTIVITY PAGES

Introduction

Welcome to Write-N-Seek: Word Families!

This book is the answer to your search for a fun, simple way to give children practice in using spelling patterns to recognize and write a variety of words. Each activity page features a set of words, representing a specific phonogram (word family), that children can trace and write independently. The provided picture clues help children self-check as they decode and read the words. At the bottom of each page, children search for and circle the words in a word-search puzzle, giving them lots of opportunities to refine their visual skills by comparing letter sequences to the spelling of the targeted words.

You can use the activity pages in a variety of ways and with children of all learning styles. Complete them with the whole class, or have children work in small groups or pairs. The pages are also ideal for one-on-one lessons, learning center activities, individual seatwork, or take-home practice. And best of all, they support children in meeting the standards for Reading Foundational Skills for grades K–2. (See below.)

Connections to the Standards

Print Concepts
Demonstrate understanding of the organization and basic features of print.

Phonological Awareness
Demonstrate understanding of spoken words, syllables, and sounds.

Phonics and Word Recognition
Know and apply grade-level phonics and word analysis skills in decoding words.

Source: © Copyright 2010 National Governors Association Center for Best Practices and Council of Chief State School Officers. All rights reserved.

How to Use the Activity Pages

Completing a Write-N-Seek activity page is as easy as 1, 2, 3! Distribute copies of the page for the word family you want to teach. Point out the word family at the top of the page. Then have children:

1 Trace each word.

2 Write each word. (Use words from the box.)

3 Find and circle each word in the word-search puzzle. (Each word appears once.)

Note: The Answer Key on pages 60–64 lets you quickly check students' word-search puzzles for correctness.

Tip: All the target words in the puzzle go from left to right (→) or top to bottom (↓).

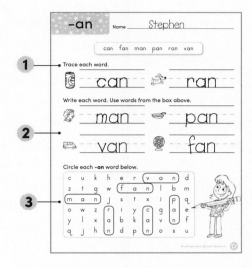

TEACHING TIPS

Use these tips to help children get the most from the activities.

- **Provide a model:** Demonstrate, step by step, how to complete an activity page.

- **Focus on the target words:** Have children read aloud each of the target words and finger-write them in the air.

- **Promote visual skills:** Have children look carefully for each target word in the word-search puzzle. As they complete the activity, encourage them to note how each word is spelled as they find it in the puzzle.

LEARNING CENTERS

Make the activity pages self-checking when using them in a learning center. To create an answer key, simply complete the page for a selected word family, drawing a bold circle around each target word in the word-search puzzle. Then tape the completed page to the back of a file folder and place copies of the activity page inside the folder. Have children complete the page and then use the answer key to check their work.

Name _____

 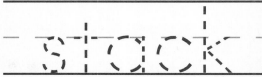

back   crack   quack   sack   stack   tack

Trace each word.

 tack   _stack_

Write each word. Use words from the box above.

Circle each -ack word. (Hint: There are 6.)

p	b	w	e	f	c	m	s	g	j
t	a	c	k	o	r	u	t	e	q
d	v	n	z	h	a	g	a	w	u
h	e	x	s	m	c	j	c	d	a
s	a	c	k	l	k	p	k	n	c
y	f	i	b	a	c	k	r	z	k

-ag

Name _____

| bag | flag | rag | snag | tag | wag |

Trace each word.

 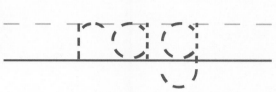

Write each word. Use words from the box above.

Circle each **-ag** word. (Hint: There are 6.)

w	a	g	l	t	y	n	u	p	d
v	o	k	j	a	x	i	m	b	q
e	c	n	h	g	f	v	t	a	r
m	f	p	s	u	l	z	o	g	e
j	r	a	g	q	a	w	h	c	k
z	b	y	i	x	g	s	n	a	g

Name _____

| camp | champ | clamp | lamp | ramp | stamp |

Trace each word.

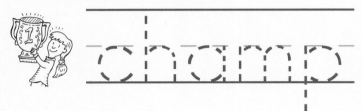 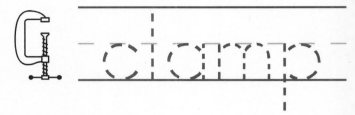

Write each word. Use words from the box above.

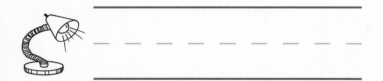 

Circle each -amp word. (Hint: There are 6.)

r	l	d	f	x	s	t	a	m	p
k	a	v	c	b	c	u	w	h	n
o	m	e	h	y	a	j	k	g	f
t	p	s	a	l	m	r	a	m	p
y	u	g	m	e	p	n	b	o	i
j	z	i	p	c	l	a	m	p	v

-an

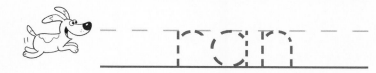

can   fan   man   pan   ran   van

Trace each word.

  can

  ran

Write each word. Use words from the box above.

Circle each -an word. (Hint: There are 6.)

c	u	k	h	e	r	v	a	n	d
z	t	g	w	f	a	n	l	b	m
m	a	n	j	s	t	x	i	p	q
o	w	z	r	i	y	c	g	a	e
y	l	x	a	b	k	a	v	n	f
q	j	h	n	d	p	n	o	s	u

-and

| band | brand | hand | land | sand | stand |

Trace each word.

 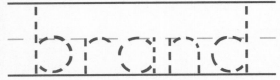   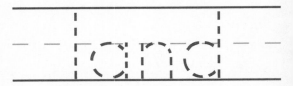

Write each word. Use words from the box above.

Circle each -and word. (Hint: There are 6.)

f	e	q	h	a	n	d	i	h	r
b	r	a	n	d	v	c	l	z	y
s	i	w	l	s	t	a	n	d	b
a	x	p	a	c	u	q	g	p	a
n	m	v	n	o	j	w	h	o	n
d	u	b	d	g	e	k	t	f	d

-ap

| cap | clap | lap | map | nap | snap |

Trace each word.

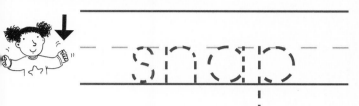

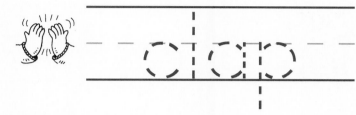

Write each word. Use words from the box above.

Circle each -ap word. (Hint: There are 6.)

b	s	k	f	t	l	a	p	h	y
e	n	u	d	o	s	c	e	n	c
x	a	h	i	g	z	u	n	v	l
l	p	q	c	a	p	j	a	m	a
g	m	a	p	w	b	i	p	t	p
v	z	r	j	d	o	q	x	k	f

Name _____

cash   dash   flash   rash   sash   trash

Trace each word.

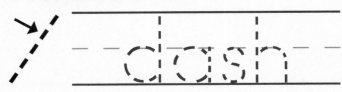   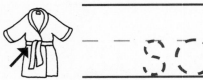

Write each word. Use words from the box above.

Circle each -ash word. (Hint: There are 6.)

j	w	c	i	d	a	s	h	z	f
s	u	a	f	p	y	t	r	v	l
a	b	s	g	o	k	e	n	p	a
s	x	h	n	q	i	b	c	u	s
h	d	v	r	a	s	h	o	k	h
t	r	a	s	h	l	m	g	e	j

Name _____

| bat cat flat hat mat sat |

Trace each word.

 ------- flat ------ sat

Write each word. Use words from the box above.

 _____

_____

_____

_____

Circle each **-at** word. (Hint: There are 6.)

f	l	a	t	e	q	s	j	k	y
h	f	w	o	d	v	a	x	n	l
a	r	b	k	i	u	t	z	c	s
t	o	j	m	a	t	e	g	a	f
p	l	v	n	c	y	q	w	t	u
m	z	x	g	b	a	t	h	r	d

Name _____

| batch | catch | hatch | match | patch | scratch |

Trace each word.

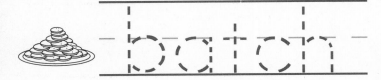 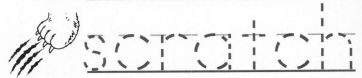

Write each word. Use words from the box above.

 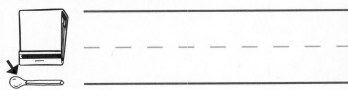

 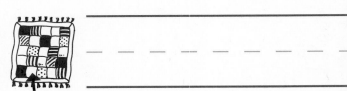

Circle each -atch word. (Hint: There are 6.)

h	s	c	r	a	t	c	h	m	d
a	d	o	b	e	y	p	v	a	k
t	l	z	i	f	g	a	w	t	o
c	b	a	t	c	h	t	j	c	n
h	y	n	q	v	k	c	u	h	i
c	a	t	c	h	e	h	r	s	x

-ed

Name _____

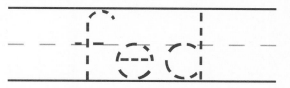

bed   fed   red   shed   sled   wed

Trace each word.

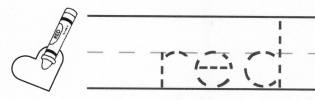

Write each word. Use words from the box above.

Circle each **-ed** word. (Hint: There are 6.)

w	r	e	d	n	y	k	b	u	z
s	v	b	i	f	q	l	e	g	w
h	o	k	p	e	j	o	d	c	e
e	c	x	q	d	t	h	m	v	d
d	g	i	s	l	e	d	a	f	n
a	t	m	y	r	z	p	j	x	u

-ell

Name _____

bell   fell   shell   smell   well   yell

Trace each word.

Write each word. Use words from the box above.

 _____

 _____

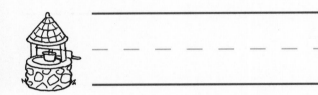 _____

 _____

Circle each **-ell** word. (Hint: There are 6.)

h	a	y	p	v	f	e	l	l	g
s	v	e	r	b	k	d	a	t	u
m	q	l	c	w	e	l	l	o	b
e	n	l	u	h	p	m	i	c	e
l	f	s	h	e	l	l	k	z	l
l	o	t	i	d	j	q	r	n	l

Write-N-Seek: Word Families © Scholastic Inc.

-en

Name _____

| den hen men pen ten wren |

Trace each word.

    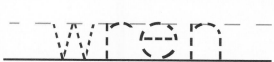

Write each word. Use words from the box above.

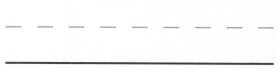

Circle each -en word. (Hint: There are 6.)

a	m	p	e	n	b	z	j	s	f
l	d	q	o	g	x	p	c	y	t
g	e	i	v	w	r	e	n	l	e
k	n	b	t	f	u	r	i	m	n
y	c	o	s	z	k	a	d	e	r
x	u	h	e	n	q	j	w	n	v

Name _____

chest   nest   rest   test   vest   west

Trace each word.

 chest west

Write each word. Use words from the box above.

 _____

 _____

_____ (2+2, 1+5, 7+2)

 _____

Circle each **-est** word. (Hint: There are 6.)

```
k  p  v  e  s  t  l  n  z  o
y  h  q  w  a  w  c  e  j  c
t  e  s  t  d  e  q  s  g  h
l  i  f  u  z  s  k  t  h  e
g  n  a  b  c  t  f  i  x  s
d  o  m  v  r  e  s  t  u  t
```

Name _____

jet   met   net   pet   vet   wet

Trace each word.

 _ _ _ _ _ vet _ _ _ _ _

 _ _ _ _ _ met _ _ _ _ _

Write each word. Use words from the box above.

 _ _ _ _ _ _ _ _ _ _ _ _ _ _

 _ _ _ _ _ _ _ _ _ _ _ _ _ _

dog _ _ _ _ _ _ _ _ _ _ _ _ _ _

 _ _ _ _ _ _ _ _ _ _ _ _ _ _

Circle each -et word. (Hint: There are 6.)

c	z	k	s	f	y	n	p	l	d
i	o	j	e	t	m	x	e	v	q
v	r	u	w	z	b	i	t	h	a
e	y	l	m	e	t	k	c	w	j
t	a	q	v	p	o	d	g	e	b
x	n	e	t	h	r	u	f	t	s

Name _____

brick   chick   kick   lick   sick   stick

Trace each word.

Write each word. Use words from the box above.

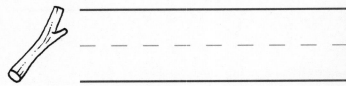

Circle each -ick word. (Hint: There are 6.)

q	o	r	s	t	i	c	k	d	l
b	r	i	c	k	e	b	c	v	k
s	m	h	z	p	w	a	h	j	i
i	d	l	i	c	k	n	i	e	c
c	y	j	w	o	g	u	c	f	k
k	n	u	b	v	m	h	k	x	a

-ig

Name _____

| big dig fig pig twig wig |

Trace each word.

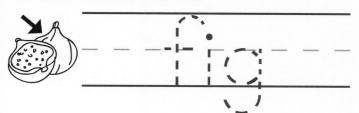

Write each word. Use words from the box above.

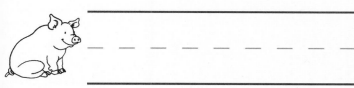

Circle each -ig word. (Hint: There are 6.)

h	t	d	i	g	e	v	n	c	y
k	w	u	b	f	i	g	a	w	m
e	i	x	c	o	l	r	p	i	q
t	g	n	a	m	u	z	b	g	s
v	l	r	h	y	k	x	i	o	t
p	i	g	w	d	j	q	g	f	e

Name _____

| chin | fin | pin | spin | twin | win |

Trace each word.

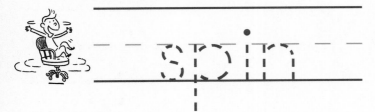

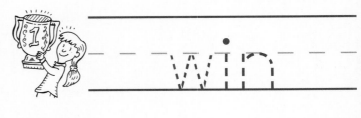

Write each word. Use words from the box above.

Circle each -in word. (Hint: There are 6.)

g	j	e	f	z	p	v	u	d	s
c	h	i	n	r	i	q	y	o	p
w	p	k	u	d	n	f	l	s	i
i	a	q	m	x	s	e	g	k	n
n	b	t	w	i	n	z	a	c	r
v	f	i	n	j	y	o	x	m	b

-ing

Name _____

king   ring   sing   string   swing   wing

Trace each word.

string   wing

Write each word. Use words from the box above.

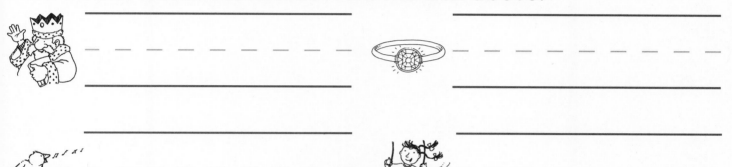

Circle each -ing word. (Hint: There are 6.)

p	o	f	r	q	z	e	x	s	w
t	s	u	i	c	v	m	a	t	i
d	i	b	n	k	i	n	g	r	n
r	n	e	g	l	p	u	j	i	g
h	g	m	z	a	b	y	o	n	k
j	s	w	i	n	g	q	h	g	c

Name _____

| drink | link | rink | sink | think | wink |

Trace each word.

 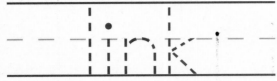 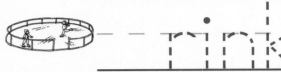

Write each word. Use words from the box above.

 _____  _____

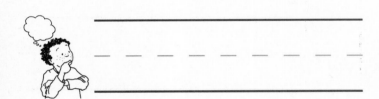 _____  _____

Circle each -ink word. (Hint: There are 6.)

p	c	j	l	i	n	k	o	f	m
d	r	i	n	k	e	w	x	a	t
h	s	g	v	a	d	i	y	q	h
t	i	z	w	m	u	n	g	c	i
u	n	j	o	b	f	k	r	l	n
q	k	r	i	n	k	v	e	s	k

Name _____

chip   dip   lip   rip   ship   zip

Trace each word.

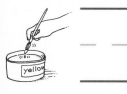

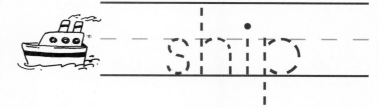

Write each word. Use words from the box above.

Circle each -ip word. (Hint: There are 6.)

c	m	g	d	i	p	z	y	s	t
s	r	u	b	n	j	e	k	h	q
o	i	q	f	r	a	x	w	i	m
z	p	l	i	p	d	o	v	p	b
i	k	e	w	u	t	g	j	n	l
p	v	y	c	h	i	p	a	s	x

-ock

block clock dock lock rock sock

Trace each word.

 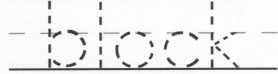

 rock

Write each word. Use words from the box above.

Circle each **-ock** word. (Hint: There are 6.)

c	i	m	v	a	d	o	c	k	t
l	g	u	p	r	e	x	h	y	n
o	s	b	l	o	c	k	u	l	i
c	o	t	f	q	a	p	v	o	g
k	c	n	j	w	b	e	d	c	m
w	k	r	o	c	k	f	z	k	j

-og

dog	fog	frog	hog	jog	log

Trace each word.

  fog

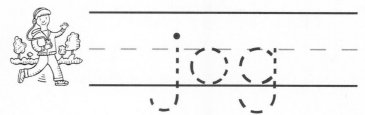 jog

Write each word. Use words from the box above.

 _____

 _____

_____

_____

Circle each -og word. (Hint: There are 6.)

d	e	n	t	c	f	r	o	g	v
h	j	o	g	x	w	u	p	i	k
f	l	k	v	y	e	h	n	s	m
o	w	b	i	d	b	o	q	y	u
g	c	x	m	o	v	g	a	t	j
r	p	a	q	g	z	s	l	o	g

Name _____

cop hop mop shop stop top

Trace each word.

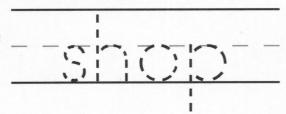

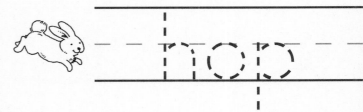

Write each word. Use words from the box above.

Circle each -op word. (Hint: There are 6.)

q	m	s	i	d	k	n	t	o	p
z	e	t	v	u	y	l	g	w	a
c	b	o	f	n	h	o	p	r	j
o	l	p	k	q	w	v	f	m	e
p	u	x	e	y	c	j	b	o	z
h	g	a	s	h	o	p	i	p	s

-ub

Name _____

cub   rub   scrub   shrub   sub   tub

Trace each word.

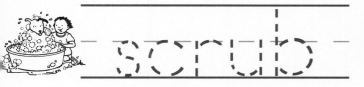 scrub    rub

Write each word. Use words from the box above.

 _____

 _____

_____   _____

Circle each **-ub** word. (Hint: There are 6.)

l	s	u	b	x	r	g	c	y	s
q	i	n	a	p	u	d	u	m	h
t	u	b	w	k	b	o	b	j	r
z	o	m	d	v	q	f	e	x	u
y	j	h	z	a	t	w	p	g	b
k	f	s	c	r	u	b	n	i	v

-uck

buck	cluck	duck	stuck	suck	truck

Trace each word.

 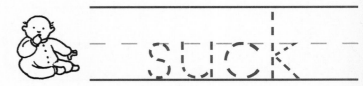

Write each word. Use words from the box above.

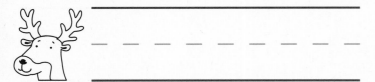 

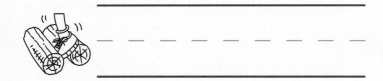 

Circle each -uck word. (Hint: There are 6.)

p	a	b	c	l	u	c	k	t	q
s	h	u	m	f	g	s	d	r	o
t	e	c	o	p	b	a	w	u	f
u	q	k	s	u	c	k	i	c	h
c	y	i	n	z	e	x	m	k	g
k	j	d	u	c	k	r	v	l	n

Name _____

| bug | hug | jug | mug | plug | rug |

Trace each word.

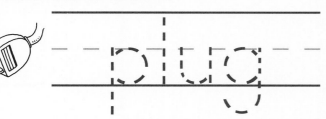

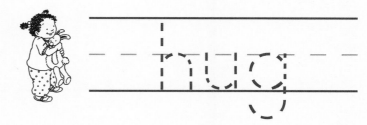

Write each word. Use words from the box above.

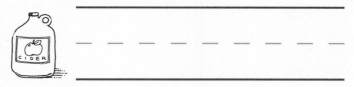

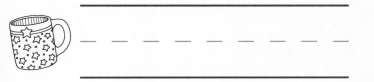

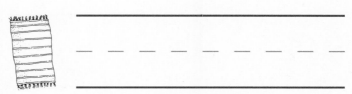

Circle each -ug word. (Hint: There are 6.)

v	s	t	m	u	g	n	y	i	p
f	d	a	r	w	b	e	z	k	l
r	e	c	o	d	h	u	g	q	u
u	h	j	v	x	p	c	f	o	g
g	y	u	i	a	m	w	n	l	j
q	p	g	z	k	t	b	u	g	s

-unk

Name _____

| bunk dunk junk skunk sunk trunk |

Trace each word.

 dunk

 sunk

Write each word. Use words from the box above.

 _____

 _____

 _____

 _____

Circle each -unk word. (Hint: There are 6.)

j	u	n	k	f	o	w	v	s	q
d	p	x	b	u	n	k	g	k	r
s	f	m	i	v	z	l	d	u	a
u	a	h	c	d	i	p	u	n	y
n	t	r	u	n	k	m	n	k	e
k	e	w	j	o	b	v	k	t	c

Write-N-Seek: Word Families © Scholastic Inc.

-ake

Name _____

| bake | cake | flake | lake | rake | snake |

Trace each word.

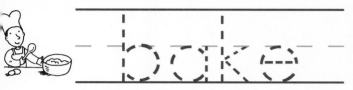

Write each word. Use words from the box above.

 _____

 _____

 _____

 _____

Circle each **-ake** word. (Hint: There are 6.)

n	r	a	k	e	h	m	y	z	b
g	h	x	v	s	i	c	u	l	a
l	a	k	e	n	t	a	j	d	k
y	w	u	m	a	q	k	o	p	e
q	p	c	i	k	b	e	r	f	g
t	d	o	j	e	f	l	a	k	e

Name _____

| flame | frame | game | name | same | tame |

Trace each word.

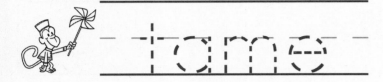

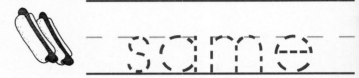

Write each word. Use words from the box above.

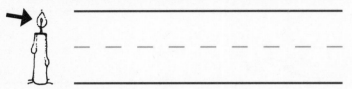

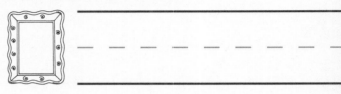

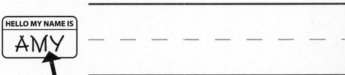

Circle each -ame word. (Hint: There are 6.)

d	o	t	f	r	a	m	e	s	g
n	p	a	x	i	k	v	y	w	a
a	i	m	d	b	h	u	j	o	m
m	r	e	j	g	t	l	x	c	e
e	t	q	v	s	a	m	e	b	z
h	f	l	a	m	e	p	k	u	n

-ape

Name _____

ape   cape   grape   scrape   shape   tape

Trace each word.

 scrape △ shape

Write each word. Use words from the box above.

 _____

 _____

_____

 _____

Circle each -ape word. (Hint: There are 6.)

l	i	t	j	m	x	u	w	g	a
c	v	a	s	h	a	p	e	k	p
a	f	p	d	o	l	b	n	v	e
p	q	e	b	g	r	a	p	e	z
e	m	n	w	u	k	j	i	d	h
s	c	r	a	p	e	f	t	o	y

-ate

| crate | date | gate | plate | skate | state |

Trace each word.

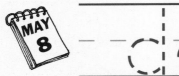 date  crate

Write each word. Use words from the box above.

 _____

 _____

 _____

 _____

Circle each -ate word. (Hint: There are 6.)

```
v  p  u  w  l  s  t  a  t  e
g  l  c  r  a  t  e  k  b  d
n  a  d  i  m  y  g  o  w  a
f  t  o  x  d  c  a  v  i  t
q  e  j  z  u  f  t  p  n  e
s  k  a  t  e  b  e  r  z  m
```

-ice

| dice   ice   mice   price   rice   slice |

Trace each word.

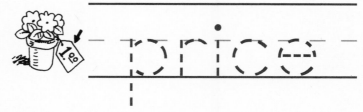

Write each word. Use words from the box above.

Circle each -ice word. (Hint: There are 6.)

s	l	i	c	e	h	g	o	v	d
f	p	n	b	u	w	a	k	l	i
y	r	o	m	r	i	c	e	b	c
k	i	h	i	y	s	l	t	q	e
t	c	d	c	f	x	u	v	g	m
j	e	z	e	n	a	p	i	c	e

Name _____

| bride | glide | hide | ride | side | slide |

Trace each word.

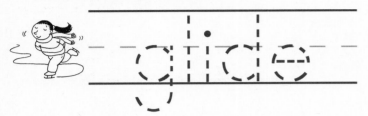

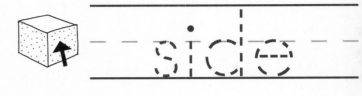

Write each word. Use words from the box above.

_____

_____

_____

_____

Circle each -ide word. (Hint: There are 6.)

r	n	g	l	i	d	e	k	h	p
i	z	s	m	x	u	q	o	b	s
d	l	i	c	v	f	w	j	a	l
e	t	d	o	h	i	d	e	g	i
j	y	e	q	k	m	u	t	p	d
f	b	r	i	d	e	n	a	c	e

-ine

Name _____

| dine   line   nine   pine   shine   vine |

Trace each word.

 dine 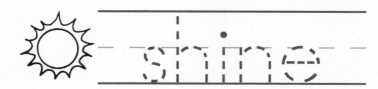 shine

Write each word. Use words from the box above.

9

Circle each -ine word. (Hint: There are 6.)

s	h	i	n	e	v	q	o	h	c
j	a	r	f	y	p	i	n	e	k
u	l	n	i	n	e	m	a	v	g
t	i	s	z	h	k	u	b	i	x
w	n	o	d	q	g	l	t	n	s
p	e	d	i	n	e	c	r	e	f

Write-N-Seek: Word Families © Scholastic Inc.

39

-ive

dive	drive	five	hive	jive	live

Trace each word.

Write each word. Use words from the box above.

Circle each -ive word. (Hint: There are 6.)

t	a	f	r	m	o	l	i	v	e
d	q	i	b	g	h	u	c	d	p
i	m	v	s	j	i	v	e	r	k
v	k	e	a	w	y	n	f	i	t
e	l	n	h	i	v	e	p	v	u
s	j	z	c	g	o	h	x	e	b

Name _____

bone   cone   phone   stone   throne   zone

Trace each word.

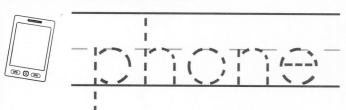 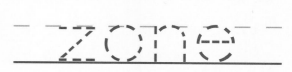

Write each word. Use words from the box above.

Circle each -one word. (Hint: There are 6.)

v	a	t	h	r	o	n	e	d	g
z	m	x	i	f	j	c	l	p	b
o	q	s	t	o	n	e	u	h	o
n	k	j	g	b	x	v	s	o	n
e	c	o	n	e	w	a	m	n	e
y	r	u	d	k	i	p	f	e	l

-ose

Name _____

chose　close　hose　nose　pose　rose

Trace each word.

  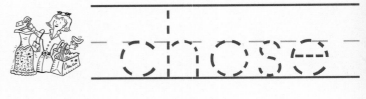

Write each word. Use words from the box above.

Circle each -ose word. (Hint: There are 6.)

r	n	o	s	e	x	f	b	m	c
m	k	g	a	w	u	h	i	j	l
z	u	c	y	l	r	o	p	k	o
c	h	o	s	e	g	s	o	q	s
i	p	f	d	v	n	e	s	y	e
r	o	s	e	t	a	j	e	d	b

-ail

Name _____

| mail nail pail sail snail tail |

Trace each word.

 s a i l

 t a i l

Write each word. Use words from the box above.

Circle each -ail word. (Hint: There are 6.)

n	d	w	p	a	i	l	g	y	c
a	k	o	x	f	v	s	u	m	t
i	y	t	a	i	l	n	j	a	h
l	c	e	j	g	r	a	d	i	k
b	h	r	u	m	p	i	f	l	o
s	a	i	l	v	b	l	e	z	j

Name _____

| brain | chain | pain | rain | stain | train |

Trace each word.

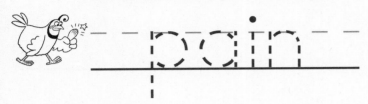

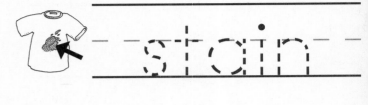

Write each word. Use words from the box above.

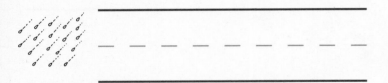

Circle each **-ain** word. (Hint: There are 6.)

t	u	l	w	b	r	a	i	n	p
r	v	c	e	y	g	z	h	s	r
a	j	h	k	f	x	m	q	t	a
i	g	a	b	o	v	d	l	a	i
n	o	i	m	z	c	e	s	i	n
d	f	n	p	a	i	n	u	n	k

Name _____

clay   day   hay   play   spray   tray

Trace each word.

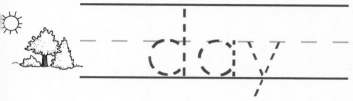 day

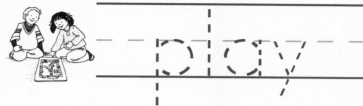 play

Write each word. Use words from the box above.

Circle each -ay word. (Hint: There are 6.)

v	p	l	a	y	t	n	z	j	s
c	b	u	z	w	o	x	h	e	p
l	f	m	v	s	q	k	a	g	r
a	k	d	a	y	z	i	y	c	a
y	w	i	h	j	g	d	m	o	y
x	n	t	r	a	y	e	b	f	q

-eep

| beep | jeep | sheep | sleep | sweep | weep |

Trace each word.

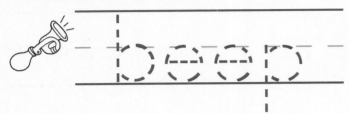  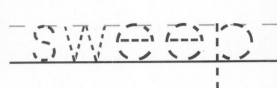

Write each word. Use words from the box above.

Circle each **-eep** word. (Hint: There are 6.)

c	i	s	h	e	e	p	s	o	b
r	y	t	c	u	g	v	w	k	s
b	j	e	e	p	o	r	e	a	l
e	d	a	k	x	h	m	e	q	e
e	g	m	b	f	j	u	p	n	e
p	l	w	e	e	p	d	i	t	p

-ight

Name _____

| fight flight light night right sight |

Trace each word.

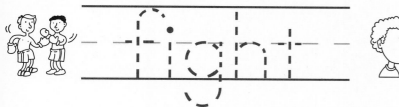

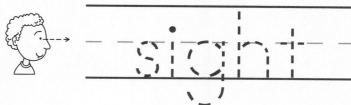

Write each word. Use words from the box above.

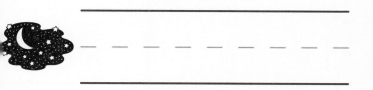

Circle each -ight word. (Hint: There are 6.)

f	p	r	i	g	h	t	l	s	f
i	b	o	d	a	v	q	n	z	l
g	j	c	e	p	u	r	i	w	i
h	s	i	g	h	t	e	g	b	g
t	x	m	u	n	o	f	h	a	h
l	i	g	h	t	k	c	t	y	t

-oat

Name _____

boat   coat   float   goat   oat   throat

Trace each word.

 oat   ← throat

Write each word. Use words from the box above.

 _____

 _____

 _____

 _____

Circle each -oat word. (Hint: There are 6.)

p	t	v	s	g	o	a	t	n	c
m	h	u	b	e	k	r	i	w	f
i	r	x	o	n	d	q	m	u	l
b	o	q	a	p	j	o	a	t	o
j	a	f	t	l	z	h	k	d	a
s	t	c	o	a	t	y	g	e	t

Name _____

blow   bow   crow   show   snow   tow

Trace each word.

 show   tow

Write each word. Use words from the box above.

 _____    _____

_____   _____

Circle each -ow word. (Hint: There are 6.)

q	m	y	d	c	r	o	w	z	s
f	s	i	m	e	p	k	g	a	h
v	n	c	u	j	i	h	b	y	o
x	o	p	t	o	w	t	l	q	w
a	w	k	r	z	u	v	o	f	e
j	l	b	o	w	g	x	w	d	n

-ee

Name _____

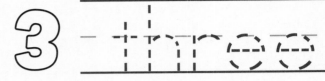

bee   knee   see   tee   three   tree

Trace each word.

tee   3   three

Write each word. Use words from the box above.

Circle each -ee word. (Hint: There are 6.)

p	b	e	e	l	d	m	a	v	t
s	y	c	k	n	e	e	z	i	r
e	d	u	g	w	h	p	f	s	e
e	m	x	a	q	c	o	t	n	e
z	t	h	r	e	e	w	e	k	j
i	f	j	o	b	l	v	e	g	u

-y

| cry | dry | fly | fry | shy | sky |

Trace each word.

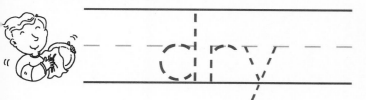 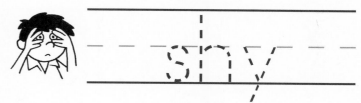

Write each word. Use words from the box above.

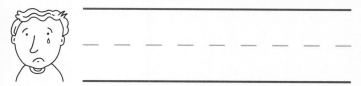 

Circle each -y word. (Hint: There are 6.)

x	t	g	v	z	p	i	f	r	y
s	h	y	o	n	d	z	l	e	q
j	i	q	k	a	r	w	s	h	o
a	b	u	w	m	y	g	k	a	c
d	f	l	y	t	n	v	y	m	r
z	c	p	x	e	h	u	j	b	y

-ound

Name _____

| ground | hound | mound | pound | round | sound |

Trace each word.

 sound ◯ 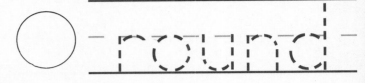 round

Write each word. Use words from the box above.

 _____

 _____

 _____

 _____

Circle each -ound word. (Hint: There are 6.)

```
g  r  o  u  n  d  y  b  a  m
f  s  w  h  o  u  n  d  p  o
i  o  l  k  b  s  c  v  o  u
m  u  x  p  j  t  e  q  u  n
e  n  t  i  l  a  f  z  n  d
c  d  r  o  u  n  d  g  d  h
```

-own

Name _____

| clown | crown | down | frown | gown | town |

Trace each word.

Write each word. Use words from the box above.

Circle each -own word. (Hint: There are 6.)

t	u	s	l	c	r	o	w	n	p
o	z	a	h	b	y	v	d	i	c
w	e	f	g	o	w	n	o	x	l
n	d	m	i	j	u	h	w	q	o
l	v	p	k	z	t	a	n	m	w
s	f	r	o	w	n	b	g	e	n

-air

Name _____

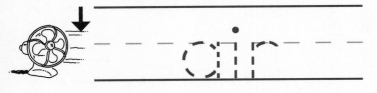

air chair fair hair pair stair

Trace each word.

 air 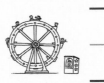 pair

Write each word. Use words from the box above.

Circle each -air word. (Hint: There are 6.)

a	i	r	h	p	c	h	a	i	r
g	s	o	a	e	m	u	q	f	d
l	t	x	i	t	j	z	b	a	k
n	a	b	r	u	s	v	f	i	e
y	i	f	g	k	q	t	n	r	l
c	r	m	p	a	i	r	d	o	w

-ore

Name _____

core score shore snore sore store

Trace each word.

 _____ core _____   _____ sore _____

Write each word. Use words from the box above.

Circle each -ore word. (Hint: There are 6.)

s	a	c	b	k	x	s	o	r	e
n	g	o	s	h	o	r	e	s	l
o	p	r	d	i	z	t	l	c	q
r	h	e	f	w	p	b	k	o	v
e	i	c	y	u	g	d	n	r	u
j	s	t	o	r	e	a	f	e	m

Name _____

| born corn horn thorn torn worn |

Trace each word.

 born

 worn

Write each word. Use words from the box above.

Circle each -orn word. (Hint: There are 6.)

t	h	o	r	n	i	q	p	d	k
m	v	j	c	o	r	n	s	e	t
b	i	g	u	p	z	a	w	l	o
o	s	x	w	m	e	k	o	v	r
r	l	f	a	y	d	c	r	g	n
n	h	o	r	n	q	u	n	b	f

Name _____

claw   draw   jaw   paw   saw   straw

Trace each word.

   c l a w

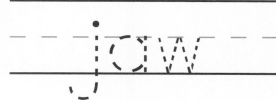   j a w

Write each word. Use words from the box above.

   _____

   _____

   _____

   _____

Circle each -aw word. (Hint: There are 6.)

t	y	g	q	o	c	l	a	w	p
b	s	a	w	j	k	u	n	m	a
d	v	h	j	a	g	z	o	f	w
r	n	x	e	w	i	q	h	d	c
a	f	u	l	b	m	y	p	j	i
w	z	s	t	r	a	w	e	v	k

-ool

Name _____

| cool pool school spool stool tool |

Trace each word.

 t o o l

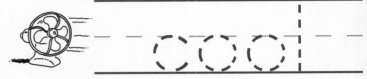 c o o l

Write each word. Use words from the box above.

 _ _ _ _ _ _ _ _ _

 _ _ _ _ _ _ _ _ _

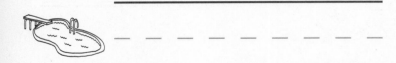 _ _ _ _ _ _ _ _ _

 _ _ _ _ _ _ _ _ _

Circle each **-ool** word. (Hint: There are 6.)

c	o	o	l	i	g	d	s	a	s
t	z	s	t	o	o	l	p	f	c
o	n	h	u	k	b	q	o	m	h
o	g	e	x	a	v	y	o	k	o
l	b	r	d	m	e	j	l	n	o
p	o	o	l	f	w	u	r	i	l

-oom

bloom   boom   broom   groom   room   zoom

Trace each word.

 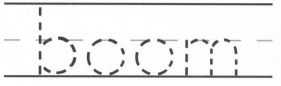  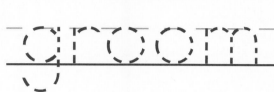

Write each word. Use words from the box above.

Circle each **-oom** word. (Hint: There are 6.)

b	g	n	b	r	o	o	m	q	r
l	h	u	d	v	j	z	e	y	o
o	x	w	i	s	c	o	n	k	o
o	z	f	p	a	h	o	d	u	m
m	b	o	o	m	f	m	l	c	i
k	a	t	w	e	g	r	o	o	m

Answer Key

-ack (page 6)

-ag (page 7)

-amp (page 8)

-an (page 9)

-and (page 10)

-ap (page 11)

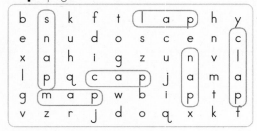

-ash (page 12)

-at (page 13)

-atch (page 14)

-ed (page 15)

-ell (page 16)

```
h  a  y  p  v  f  e  l  l  g
s  v  e  r  b  k  d  a  t  u
m  q  l  c  w  e  l  l  o  b
m  e  l  u  h  p  m  i  c  e
e  n  l  f  s  h  e  l  l  k  z  l
l  o  t  i  d  j  q  r  n
```

-en (page 17)

```
a  m  p  e  n  b  z  j  s  f
l  d  q  o  g  x  p  c  y  t
g  e  i  v  w  r  e  n  l  e
k  n  b  t  f  u  r  i  m  n
y  c  o  s  z  k  a  d  e  r
x  u  h  e  n  q  j  w  n
```

-est (page 18)

```
k  p  v  e  s  t  l  n  z  o
y  h  q  w  a  w  c  e  j  c
t  e  s  t  d  e  q  s  g  h
l  i  f  u  z  s  k  t  h  e
g  n  a  b  c  t  f  i  x  s
d  o  m  v  r  e  s  t  u  t
```

-et (page 19)

```
c  z  k  s  f  y  n  p  l  d
i  o  j  e  t  m  x  e  v  q
v  r  u  w  z  b  i  t  h  a
e  y  l  m  e  t  k  c  w  j
t  a  q  v  p  o  d  w  e  b
x  n  e  t  h  r  u  f  t  s
```

-ick (page 20)

```
q  o  r  s  t  i  c  k  d  l
b  r  i  c  k  e  b  c  v  k
s  m  h  z  p  w  a  h  j  i
s  i  d  l  i  c  k  n  e  c  k
c  y  j  w  o  g  u  c  f  k
k  n  u  b  v  m  h  k  x  a
```

-ig (page 21)

```
h  t  d  i  g  e  v  n  c  y
k  w  u  b  f  i  g  a  w  m
e  i  x  c  o  l  r  p  i  q
t  g  n  a  m  u  z  b  g  s
v  l  r  w  h  k  x  i  o  f
p  i  g  w  d  j  q  g  f  e
```

-in (page 22)

```
g  j  e  f  z  p  v  u  d  s
c  h  i  n  r  i  q  y  o  p
w  p  k  u  d  n  f  l  s  i
i  a  q  m  x  s  e  g  k  n
n  b  t  w  i  n  z  a  c  r
v  f  i  n  j  y  o  x  m  b
```

-ing (page 23)

```
p  o  f  r  q  z  e  x  s  w
t  s  u  i  c  v  m  a  t  i
d  i  b  n  k  i  n  g  r  n
r  n  e  g  l  p  u  j  i  g
h  g  m  z  a  b  c  n  g
j  s  w  i  n  g  q  h  g  c
```

-ink (page 24)

```
p  c  j  l  i  n  k  o  f  m
d  r  i  n  k  e  w  x  a  t
h  s  g  v  a  d  i  y  q  h
t  i  z  w  m  u  n  g  c  i
u  n  j  o  b  f  k  r  l  n
q  k  r  i  n  k  v  e  s  k
```

-ip (page 25)

```
c  m  g  d  i  p  z  y  s  t
s  r  u  b  n  j  e  k  h  q
o  i  q  f  r  a  x  w  i  m
z  p  l  i  p  d  o  j  p  b
i  k  e  w  u  t  g  j  n  l
p  v  y  c  h  i  p  a  s  x
```

-ock (page 26)

```
c  i  m  v  a  d  o  c  k  t
l  g  u  p  r  e  x  h  y  n
o  s  b  l  o  c  k  u  l  i
c  o  t  f  q  a  p  v  o  g
k  c  n  j  w  b  e  d  c  m
w  k  r  o  c  k  f  z  k  j
```

-og (page 27)

```
d  e  n  t  c  f  r  o  g  v
h  j  o  g  x  w  u  p  i  k
f  l  k  v  y  e  h  n  s  m
o  w  b  i  d  b  o  q  y  u
g  c  x  m  o  v  a  g  t  j
r  p  a  q  g  z  s  l  o  g
```

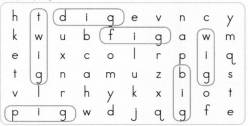

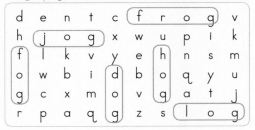

-op (page 28)

```
q  m  s  i  d  k  n  t  o  p
z  e  t  v  u  y  l  g  w  a
c  b  o  f  n     h  o  p  r  j
o  l  p  k  q  w  v  f     m  e
p  u  x  e  y  c  j  b     o  z
h  g  a  s  h  o  p  i  p  s
```

-ub (page 29)

```
l  s  u  b  x  r  g  c  y  s
q  i  n  a  p  u  r  u  m  h
t  u  b  w  k  b  b  b  j  r
z  o  m  d  v  q  q  e  x  u
y  j  h  z  a  t  w  p  g  b
k  f  s  c  r  u  b  n  i  v
```

-uck (page 30)

```
p  a  b  c  l  u  c  k  t  q
s  h  u  m  f  g  s  d  r  o
t  e  c  o  p  b  a  w  u  f
u  q  k  s  u  c  k  i  c  h
c  y  i  n  z  e  x  m  k  g
k  j  d  u  c  k  r  v  l  n
```

-ug (page 31)

```
v  s  t  m  u  g  n  y  i  p
f  d  a  r  w  b  e  z  k  l
r  e  c  o  d  h  u  g  q  u
u  h  j  v  x  p  c  f  o  g
g  y  u  i  a  m  w  n  l  j
q  p  g  z  k  t  b  u  g  s
```

-unk (page 32)

```
j  u  n  k  f  o  w  v  s  q
d  p  x  b  u  n  k  k  r
s  f  m  i  v  z  l  d  u  a
u  a  h  c  d  i  p  u  n  y
n  t  r  u  n  k  m  n  k  e
k  e  w  j  o  b  v  k  t  c
```

-ame (page 34)

```
d  o  t  f  r  a  m  e  s  g
n  p  a  x  i  k  v  y  w  a
a  i  m  d  b  h  u  j  o  m
m  r  e  j  g  t  l  x  c  e
e  t  q  v  s  a  m  e  b  z
h  f  l  a  m  e  p  k  u  n
```

-ape (page 35)

```
l  i  t  j  m  x  u  w  g  a
c  v  a  s  h  a  p  e  k  p
a  f  p  d  o  l  b  n  v  e
a  q  e  b  g  r  a  p  e  z  h
e  m  n  w  u  k  j  i  d  h
s  c  r  a  p  e  f  t  o  y
```

-ate (page 36)

```
v  p  u  w  l  s  t  a  t  e
g  l  c  r  a  t  e  k  b  d
n  a  d  i  m  y  g  o  w  a
f  t  o  x  d  c  a  v  i  t
q  e  j  z  u  f  t  p  n  e
s  k  a  t  e  b  e  r  z  m
```

-ice (page 37)

```
s  l  i  c  e  h  g  o  v  d
f  p  n  b  u  w  a  k  l  i
y  r  o  m  r  i  c  e  b  c
k  i  h  i  y  s  l  t  q  e
t  c  d  c  f  x  u  v  g  m
j  e  z  e  n  a  p  i  c  e
```

-ide (page 38)

```
r  n  g  l  i  d  e  k  h  p
i  z  s  m  x  u  q  o  b  s
d  l  i  c  v  f  w  j  a  l
e  t  d  o  h  i  d  e  g  i
j  y  e  q  k  m  u  t  p  d
f  b  r  i  d  e  n  a  c  e
```

-ine (page 39)

```
s  h  i  n  e  v  q  o  h  c
j  a  r  f  y  p  i  n  e  k
u  l  n  i  n  e  m  a  v  g
t  i  s  z  h  k  u  b  i  x
w  n  o  d  q  g  l  t  n  f
p  e  d  i  n  e  c  r  e  f
```

Write-N-Seek: Word Families © Scholastic Inc.

-ive (page 40)

```
t  a  f  r  m  o  l  i  v  e
d  q  i  b  g  h  u  c  d  p
d  i  m  v  s  j  i  v  e  k
i  l  e  a  w  y  n  f  i  t
e  l  n  h  i  v  e  p  v  u
s  j  z  c  g  o  h  x  e  b
```

-one (page 41)

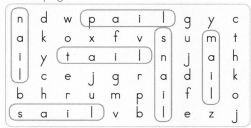

```
v  a  t  h  r  o  n  e  d  g
z  m  x  i  f  j  c  l  b  o
o  q  s  t  o  n  e  u  p  n
n  k  j  g  b  x  v  h  e
e  c  o  n  e  w  a  m  n
y  r  u  d  k  i  p  f  l
```

-ose (page 42)

```
r  n  o  s  e  x  f  b  m  c
m  k  g  a  w  u  h  i  j  l
z  u  c  y  l  r  o  j  o  o
c  h  o  s  e  g  s  p  q  s
i  p  f  d  v  n  e  e  q  e
r  o  s  e  t  a  j  e  d  b
```

-ail (page 43)

```
n  d  w  p  a  i  l  g  y  c
a  k  o  x  f  v  s  u  m  t
i  y  t  a  i  l  n  j  a  h
l  c  e  j  g  r  a  i  k  o
b  h  r  u  m  p  i  f  l  j
s  a  i  l  v  b  l  e  z
```

-ain (page 44)

```
t  u  l  w  b  r  a  i  n  p
r  v  c  e  y  g  z  h  s  r
a  j  h  k  f  x  m  q  t  a
i  g  a  b  o  v  d  l  a  i
n  o  i  m  z  c  e  s  i  n
d  f  n  p  a  i  n  u  n  k
```

-ay (page 45)

```
v  p  l  a  y  t  n  z  j  s
c  b  u  z  w  o  x  h  e  p
l  f  m  v  s  q  k  a  g  r
a  d  a  y  z  i  y  c  a
y  w  i  h  j  g  m  o  y
x  n  t  r  a  y  e  b  f  q
```

-eep (page 46)

```
c  i  s  h  e  e  p  s  o  b
r  y  t  c  u  g  v  w  k  s
b  j  e  e  p  o  r  e  a  l
e  d  a  k  x  h  m  e  q  e
e  g  m  b  f  j  u  n  e
p  l  w  e  e  p  d  i  t  p
```

-ight (page 47)

```
f  p  r  i  g  h  t  l  s  f
i  b  o  d  a  v  q  n  z  l
g  j  c  e  p  u  r  i  w  i
h  s  i  g  h  t  e  g  h  g
t  x  m  u  n  o  f  t  b  h
l  i  g  h  t  k  c  y  t
```

-oat (page 48)

```
p  t  v  s  g  o  a  t  n  c
m  t  h  u  b  e  k  r  i  w  f
i  r  x  o  n  d  q  m  u  l
b  o  a  a  p  j  o  a  t  o
j  a  f  t  l  z  h  k  d  a
s  t  c  o  a  t  y  g  e  t
```

-ow (page 49)

```
q  m  y  d  c  r  o  w  z  s
f  s  i  m  e  p  k  g  a  h
v  n  c  u  j  i  h  y  o
x  o  p  t  o  w  b  w
a  w  k  r  z  u  c  w  e
j  l  b  o  w  g  x  w  n
```

-ee (page 50)

```
p  b  e  e  l  d  m  a  v  t
s  y  c  k  n  e  e  z  i  r
e  d  u  g  w  h  p  f  e
e  m  x  a  q  c  o  t  e
z  t  h  r  e  e  w  e  k  j
i  f  j  o  b  l  v  e  g  u
```

-y (page 51)

```
x  t  g  v  z  p  i  f  r  y
s  h  y  o  n  d  z  l  e  q
j  i  q  a  k  r  w  s  h  a
a  b  u  m  y  g  a  m  c
d  f  l  y  t  n  v  b  r
z  c  p  x  e  h  u  j  y
```

-ound (page 52)

g	r	o	u	n	d	y	b	a	m
f	s	w	h	o	u	n	d	p	o
i	o	l	k	b	s	c	v	o	u
m	u	x	p	j	t	e	q	u	n
e	n	t	i	l	a	f	z	n	d
c	d	r	o	u	n	d	g	d	h

-own (page 53)

t	u	s	l	c	r	o	w	n	p
o	z	a	h	b	y	v	d	i	c
w	e	f	g	o	w	n	o	x	l
n	d	m	i	j	u	h	w	q	o
l	v	p	k	z	t	a	n	m	w
s	f	r	o	w	n	b	g	e	n

-air (page 54)

a	i	r	h	p	c	h	a	i	r
g	s	o	a	e	m	u	q	f	d
l	t	x	i	t	j	z	b	a	k
n	a	b	r	u	s	v	f	i	e
y	i	f	g	k	q	t	n	r	l
c	r	m	p	a	i	r	d	o	w

-ore (page 55)

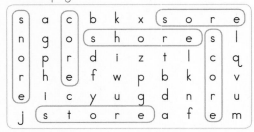

s	a	c	b	k	x	s	o	r	e
n	g	o	s	h	o	r	e	s	l
o	p	r	d	i	z	t	l	c	o
r	h	e	t	w	p	b	k	o	v
e	i	c	y	u	g	d	s	r	u
j	s	t	o	r	e	a	f	e	m

-orn (page 56)

t	h	o	r	n	i	q	p	d	k
m	v	j	c	o	r	n	s	e	t
b	i	g	u	p	z	a	w	l	o
o	s	x	w	m	e	k	o	v	r
r	l	f	a	y	d	c	r	g	n
n	h	o	r	n	q	u	n	b	f

-aw (page 57)

t	y	g	q	o	c	l	a	w	p
b	s	a	w	j	k	u	n	m	a
d	v	h	j	a	g	z	o	f	w
r	n	x	e	w	i	q	h	d	c
a	f	u	l	b	m	y	p	j	i
w	z	s	t	r	a	w	e	v	k

-ool (page 58)

c	o	o	l	i	g	d	s	a	s
t	z	s	t	o	o	l	p	f	c
o	n	h	u	k	b	q	o	m	h
o	g	e	x	a	v	y	o	k	o
l	b	r	d	m	e	j	l	n	o
p	o	o	l	f	w	u	r	i	l

-oom (page 59)

b	g	n	b	r	o	o	m	q	r
l	h	u	d	v	j	z	e	y	o
o	x	w	i	s	c	o	n	k	o
o	z	f	p	a	h	o	d	u	m
m	b	o	o	m	f	m	l	c	i
k	a	t	w	e	g	r	o	o	m